Ein Nashorn hängt am Luftballon

Lauter laute Laute

Edition Versland 2015
Alle Rechte vorbehalten.
Herstellung und Verlag:
BoD - Books on Demand, Norderstedt
Printed in Germany 2015
ISBN: 9783738623437
1. Auflage
EUR 9,50

EDITORIAL

Dieses Buch ist kein Hörbuch. Sie können es natürlich dazu machen, indem sie Menschen um sich versammeln, denen sie die in diesem Buch versammelten, zu Worten und Gedichten zusammen gefügten Laute zu Gehör bringen. In gewisser Weise ist eine solche Verlautbarung der Sinn dieses Buches. Wenngleich der Dichter glaubt, ein Verleger denke bei dem Wort „Lauter" an „lauter Geld" und nicht an lauter laute Laute. Wir lassen ihn in diesem Glauben, weil er ihm, ganz offenkundig, dabei hilft, wunderbare Verlautbarungen zu verfassen, die mit dem lebenserhaltenden Ziel, Laute zu verbaren, aufs Trefflichste harmonieren.

Insofern bleibt mir nur noch der übliche Hinweis auf die Tatsache, dass bei der Erstellung des Titelbildes keine Tiere zu Schaden kamen. Und der Wunsch, Sie mögen an den manchmal auch leisen Lauten dieses Buchs Gefallen finden.

Peter Heimann-Schwarz, Herausgeber

EIN NASHORN

Ein Nashorn hängt am Luftballon.
Steigt auf und auf, auf und davon
doch kein Mensch hat es gesehen.
Oder ist es nie geschehen?

Man weiß es nicht.
Was dafür spricht
ist weiter nichts
als dies Gedicht.

Den Beweis gibt es, sobald
dieser Luftballon zerknallt
und das Nashorn runterfällt.
Bis dahin aber muss die Welt

noch ganz allein
mit diesem Reim
zufrieden sein,
glauben, dass ein

Nashorn, wenn`s zum Himmel fliegt,
obwohl es sehr beträchtlich wiegt,
tatsächlich sehr und angestrengt
am Luftballon, der es zieht, hängt.

LEISE LAUTE

Ein Gedanke war verliebt
in Zwei zugleich. Und schwer!
Man weiß ja, das es so was gibt:
Zu viel Liebe ist nicht fair.

Bislang galt er als sehr weise,
als ein Kerl, auf den man baut.
Dann verliebt er sich in Leise
und zur selben Zeit in Laut.

Die ruhige, feine Leise wusste
zu sein wie er, still, unverstellt.
Klar, dass er sich verlieben musste,
weil Gleich und Gleich sich gern gesellt.

Laut war mehr extrovertiert,
hat mit schönem Schein und Klang ihn
angerührt, erotisiert!
Weil sich Gegensätze anzieh' n.

Leise zieht durch sein Gemüt.
Leiblich zieht die Laute sehr
im Gemächt und zieht und zieht.
„Wie entscheiden?", grübelt er.

„Wem bitte soll ich mich outen?
Welche Liebe zählt am meisten?
Soll mein Schicksal Leise lauten?
Sollte ich mir Laute leisten?"

Wer ganz leise ist und schweigt
gilt als weise zwar. Doch schaut der
Mensch auf den meist, der laut schreit.
Auch Leise ist nicht immer lauter

wahre leise Lauterkeit.
Der Gedanke schwankte heftig
und war dann die ganze Zeit
mit Laut und Leise nur beschäftigt,

hat mal die, dann die umworben,
ein Jemand, der Entscheidung scheut.
Tja: Und wenn er nicht gestorben
ist, dann scheut er sich noch heut

zwischen Leise und der Laut
zu wähl' n. Ein Hinundhergedanke,
ein Traumichnicht, dem keine traut,
und bald jede sagt: „Geh! Danke!"

Ein Ende, das vor Wehmut trieft
ist nicht schön. Sie hätten`s lieber
ein bischen netter, positiv?
Gut: Er trifft eines Tages die sehr

rassig-wild, exotisch schöne
Dröhnen. Was sehr hilfreich ist:
Zwischen Leise und Gedröhne
wird für ihn Laut zur KomproMiss

der er sagt: „Oh ja, ich will".
Das Happyend ist angekommen.
Hätt er statt Dröhnen die Frau Still
getroffen: Hätt er Leis genommen?

Das ist nicht sehr romantisch? Nein!
So ist das Leben halt, süßbitter.
Wer nicht entscheidet zwischen Zweien,
für den entscheidet das ein Dritter,

dessen Kompetenz allein
darin besteht, grad da zu sein.

ENTREE

Tretet ein, kommt näher.
Hier gibt's Lieder
Wo es Lieder gibt,
lasst Euch ruhig nieder
Noch dazu, da es
ganz kostenlos bleibt,
wenn der Dichter
flüstert oder losschreit
und Euch seine
Gunst und Kunst gewährt,
während er sich brav
vom Beifall nährt.

Schöne Worte
will er auch verkaufen,
fröhlich klingen kann
er auch beim Saufen
Zärtlich haucht er Verse
aus dem Textbuch,
wenn er für den Abend
auch noch Sex sucht.
Und für Manches,
das als Weisheit strahlt,
hat ne Werbefirma
ihn bezahlt.

Wo man singt, da lasst
Euch ruhig was bringen.
Doch auch bösen Menschen
können singen.

Tretet ein. Setzt Euch.
Hört zu und wählt,
ob Euch ein Text gefällt,
ob er Euch quält.
Dann klatscht heftig
oder bleibt apathisch
dieser Saal ist total
demokratisch.
Hier wird jede
Meinung angehört,
weil dies Land auch
jedem Wahl gewährt.

Allerdings: Dass wir
hier meinen dürfen,
heißt noch nicht, dass
wir gleich tiefer schürfen.
Zwischen konstruktiv
und defätistisch

zwischen kapital-
und sozialistisch
ist beim Wählen unser
Maßstab schlicht
das eigene Leben.
Das der Anderen nicht.

Dieses Recht hat
uns die Wahl gegeben.
Doch auch Mörder
wählen für sich: Leben.

Tretet ein. Bringt ruhig
auch Eure Kinder
mit hierher, das ist
nicht ungesünder,
als sie vor der
Glotze anzuknoten,
mit einer XBox und
sprechenden Broten.
Die Gewissheit, dass
dort nichts passiert,
hat die FSK
zertifiziert.

Allerdings: Der Drang
nach Kinderschützen,
Sommersonnenschutz
und Wintermützen,
Sie mit Aufmerksamkeit
zu beglücken
und auf ihre Bitten
nett zu nicken,
zu bewahren sie vor jeder Not,
da wo` s Not tut,
mit dem eigenen Tod,

macht uns menschlicher
nicht mehr noch minder.
Denn auch Menschenfresser
haben Kinder.

TEXT MIT BLAUEM FLECK

Dass ich mit Hand am Hintern hinkend
die Wortbühne betrete, statt
lächelnd, siegessicher winkend,
hat seinen Grund. Denn ich bin grad
ausgerutscht. Das muss passieren!
Da will man im Parademarsch
Richtung Mikro promenieren
und landet erst mal auf dem Arsch.

Mein Denken war bereits beim Reimen
und nicht mehr bei meinen Beinen,
die auf blanken Planken wankten.
Ans Gehen denken und Geh danken
sind doch sehr verschiedene Dinge,
die ich nicht zusammenbringe.
Die Beine gehen, wohin ich lenke
solange ich ans Lenken denke.
Wenn jedoch Gedanken kommen,
kreuz und quer und zielverschwommen,
die in jede Richtung schwenken,
weiß kein Bein:"Wohin jetzt lenken?"
Es denkt sich deshalb: „Eingedenk der
Verworrenheit im Kopf vom Lenker,
hat hier Denken keinen Zweck, ich
werd verarscht. Ach Lenker, leck mich!"

Schuld ist nur das blöde Denken
an Gedanken, die zu lenken
UND zu gehen nicht verstehen.
Sie nicht zu denken, das wär schön!
So nutz ich nach dem Sturz die Chance,
mit Worten tiefempfundenen Danks
der Gedanken zu gedenken,
die zu denken wir uns schenken.
Denn der Denkdankdenker weiß:
Nichts zu denken, schont den Steiß.

Im Gedenken an Gedanken,
die zu denken wir gedachten,
die wir aber dann begraben,
ohne sie gedacht zu haben,
danke ich dem Denkgedächtnis,
das diese Gedanken trug,
dafür, dass ich sie nicht dachte
und mir keinen Reim drauf machte."

Denken, denk ich, macht Gedanken
sich um den Gedankendenker.
Stößt es im Gedenk an Schranken,
denkt es nicht seine Gedanken.

Des Gedankens, dass Nichtdenken
Denkenden undenkbar scheint,
bin ich durchaus eingedenk zwar,
denk ihn jedoch nicht undenkbar.

Denken nämlich, sagt der Denker,
ist ein ausgedachter Vorgang.
Ergo wird bei konsequentem,
Denken bedenkendem Denken,
Denken zu gewolltem Wissen.
Es gehorcht erdachtem Willen.
Ein Wille will. Ein Wille lenkt,
was denkt und nicht denkt im Gedenk.
Das macht es denkbar leicht zu lenken.
Der Denker muss nur wollend denken,
dass er Denken jetzt nicht macht -
schon hat es sich ausgedacht.

Wenn uns von Gedenkgedanken
das Gedächtnis platzen möchte,
wenn wir denken, dass wir denken,
dann nur, weil uns Willen lenken,
die WIR uns ins Denken dachten,
um mit unserm Denkdankdenken

von dem undankbaren achten
Sinn, dem Stumpfsinn, abzulenken.
Aber dieses Dankbedenken
ohne jene Denkvollendung
klingt irgendwie nach Zweitverschwendung.
Zeitverschwendung aber rächt sich,
insbesondere die erdachte.
Denn wer dachte, ist verdächtig,
dass er sich Gedanken machte,
um die vorgedachten, schicken
Gedanken aus den Denkfabriken,
denen nur die Dividenden-
denker ernsthaft danken könnten,
die sie reich machten. Das WAR gut,
für das Denkfabrikenlenken.
Uns bringen sie Gedankenarmut.
Wer A denkt, der bekommt Bedenken.

Wer hat das eben laut gedacht?!
Wer solche Denke denkbar macht,
bringt mit den Nichtdenkgedanken
Denkstabilität ins Wanken,
bis Denkgebäudemauern zittern,
Gedächtnisstützen aufgestellt

werden, bis Gedanken splittern
und ein Bedenkenträger fällt.

Weil das der Denker nicht bedenkt,
bedenkt man ihn mit harten Schlägen.
Auf den Hinterkopf gelenkt
erhöhen sie das Denkvermögen.
Behaupten sie. Doch es macht träge!
Wer eben noch gedankenmächtig
dachte, denkt nun oberflächlich,
angesichts der harten Schläge:
„Nichts zu denken, nie zu danken
wär durchdachter, als gequält
Nichtgedanken nachzuwanken."
Ein Denkfehler. Das Denken fehlt,
wenn wir, statt zu denken, bloß
aus Töpfen bunte Zettel ziehen
und hoffen, ein Gedankenlos
brächte uns den Hauptgewinn.
Und Gedenkmünzen verpfänden
wir als Schutzgelder, verschwenden
ein komplettes Denkvermögen,
aus Furcht vor neuen Nackenschlägen
Aber nimmt uns das die Ängste?
Ja denkste!

Verprassen wir das Denkvermögen
an der Denkbar! Hoch die Tassen!
Sauft den Geist aus Eimern, Trögen!
Prost Denken! Schluss mit denken lassen!"
Lasst uns denkbesoffen schwanken,
ohne Denkziel durch die Nacht, wenn
im Gedenken an Gedanken
die zu denken wir gedachten,
unsere Füße heimwärts tanzen,
torkelnd, taumelnd Denken lenken,
das Gedächtnis aus dem ganzen
Dächten, Dichten, Danken, Denken
reißen und aus den verkrachten
Existenzen der Gedanken
die zu denken wir gedachten
zur Bedenkenfreiheit wanken!

Komplett gedankenleer in einem
triumphalen Freiheitsmarsch!
Ein großer Schluss für diesen kleinen
Text zum blauem Fleck am Arsch.

HALT

Ein HALT fliegt durch die Winternacht.
Es tut, was halt ein HALT so macht,
im Wesentlichen: Hallen,
bevor die Dinge knallen.

Die Mädchenhand ans Jungenohr,
in dem sich wohl ihr HALT verlor...
Der Junge, glühend, mit verkrallter
Hand, hängt fest im Büstenhalter.

Ein Hinter-HALT-Schuss, dessen Ziel
bei „HALT!" nicht hielt? Das Projektil
wird nun für den Staatsanwalt
zum ungeklärten SachverHALT.

Der Plastikgriff der Hundeleine,
der auf AspHALT und Hundebeine,
schlägt. Von Ferne schallt der
Verzweiflungsruf vom HundeHALTer.

Ein HALT fliegt durch vereiste Straßen.
Galt es Menschen, die vergaßen?
Ob es dem Dieb von Dingen galt?
Durch Häuserschluchten hallt ein HALT,

ein atemloses HALT, das zahm
nachlahmt einer Straßenbahn,
um an einer schneesturmkalten
HALTestelle anzuHALTen?

Ein barsches „HALT die Schnauze, Du"?
Ein: „HALT den Neger, ich schlag zu!"?
Ein verHALTnes „HALTet ein!",
dem es an HALTung fehlt zum Schrein?

Ein tränennasses „HALT mich jetzt,
ganz fest!", kraftlos und verletzt?
Ein „HALT, sei still! Hör doch mal hin,
hat da nicht jemand HALT geschrien?"

Und eine Frau haucht: „HALT!" vor dem:
„Nicht hier, lass uns nach Oben gehen!"

Durch schwarze Stille schwebt ein HALT,
durch Fahrzeugparks und Schilderwald.
Verhallt es in der winterkalten
Luft, muss auch ich mich verhalten.

LOB DES B

Am B hängt eine Bohne sehr.
Es ist nämlich für sie mehr
als nur Buchstabe: Die Bohne,
hätte sie kein B, wär ohne.

DIE ULMALM (BILD kann nichts dafür)

Das ist vor sechzig Jahren gewesen,
auf einer Baumschulalm bei Ulm:
Man suchte Lehrer, die im Lesen
die kleinen Baumzöglinge schulen.

Die waren Holzköpfe. Das Träumen
lag ihnen nah, das Denken weit. Und
der Spruch: „Nur aus klugen Bäumen
wird mal eine kluge Zeitung",

den der Rektor immer wieder
bemühte, bis er selbst ihn hasste,
ging den kleinen Bäumen nie sehr
nah. Eines Tags also fasste

er den Beschluss zu inserieren:
„Baumschule möchte für den Posten
des Leselehrers interessieren."
Eine Bewerbung kam. Aus Boston.

Sie war eine Ulme, und sie fand
Ulm dem Namen nach sympathisch.
Die Aussprache im Ulmerland
hielt sie jedoch für problematisch.

Man las hier U wie U. Entsetzt
erwies sie auf das in Amerika
geltende Buchstabiergesetz:
Schreibe U, doch lies ein A.

Sie lehrte es, und sie verwirrte
die Bäume, die verwundert rauschten!
U -A, A-U. Was dazu führte,
dass sie es konsequent vertauschten.

Das Chaos in der UlmAlmSchale... Schule
war nicht rückgängig zu machen:
Plötzlich waren Kahle Coole,
Tannen Tunnen, Buchen Bachen.

Stamm war Stumm und Nuss war Nass.
Wurzel warzelt, der Spacke spuckt,
Es klagen die klugen Bäume, dass
sie immerfort ein Hand bekuckt.

Die Kaukuh saß im Kaukasus,
dort frisst der Luchs nur Lachs
Bullen ballen Gras, ihr Gruß
gilt dem Fuchs, der frisst ein Fax.

Das wäre lustig, gar nicht lastig,
AlmUlmen kaum von Interesse,
hätte sie der Baumschultrust nicht
verhökert an die Springerpresse.

Man schredderte das Holz und Ihr
stummer Stamm wurde Papier
für die BILD und will partout
nicht aufhören mit A und U.

Schreibt man darauf Wanderschuh
entsteht im Druck ein Wunderschah.
Aus „Endlich ist der Kuckuck da"
wird „Invasion vom Kakadu."

Die seichten Themen wie die harten,
verulken alken sie. So wurden
zwei „Laster Humus im Garten"
zur „Lust der Hamas in Gurten",

aus Vater Futter, Lampen Lumpen,
Harnblasen Hurnblusen. Es verschwanden
Airlines, deren Frachtflugstunden
ganz im Dienst der Fruchtflak standen.

Fett auf der ersten Seite prangen:
ein Papst der pupst, Imam Immun,
„Fluchzungen verhexen Flachzangen"
„USA braucht ASU", „Truthahn trat Huhn."
Man liest: „Zu kleine Schuhe passten
nach sehr intensivem Pusten"
„Im Regen durch lange Huschen hasten!
führt zu Lungenhascheehusten."

„Schlagerstar schlug stur stark
Mutter matter erst und dann blass!"
„Ackermurks der Uckermark!"
„Frieden für Kundus? Wer kann das?"

Wenn Du frech zum Paten warst
macht er aus Dir Putenwurst.
Arbeitslose auf dem Darß
trinken über ihren Durst.

Kakerlaken sind in Guckerluken.
Kim Il Sung sang mit sonorem Bass im Bus.
von Reliquien, die wir auf Tragen trugen.
„Auf dieser Boje saß mit dem Po Jesus!"

Auf ihrer Alm in Ulm, befestigt
an einem dicken Haltepfosten,
lehnt, eine Zeitung lesend lässig
die Ulmenlehrerin aus Boston.

Sie schwenkt resigniert erschlaffte
Äste, sagt ...verdammt verdummt!
Und dann, wie immer sie das schaffte,
ist sie über den Zaun gejumped

Der letzte, der sie lebend sah
ein Uhu, schrie ihr nach: AHA

DAS WARUM

Die Zeit für das WARUM war um.
„Warum?", so fragte das WARUM
den WERDA. WERDA war nicht da.
Wo WERDA wär, war leer. Na ja.

WARUM fragt, noch immer dort
zur falschen Zeit am falschen Ort,
denn seine Zeit ist um, nicht wahr,
„Wär da wer da, wer wär da da?"

WOHER erschien, von sonstwoher,
war um WARUM herum. „Woher,
Oh Herr WOHER," rief das WARUM,
„war das, was sagte, Zeit war um?"

WOHER wunderte sich, wer da
woher fragte laut und dumm:
„Wichtig ist nicht, wo es her war",
sprach WOHER klug „nur warum!"

WOHER verschwand. Wozu? Wohin?
Was war da, wo nun WOHER war?
Wo Herr WOHER vorher war, im
Wozuhin, war WERDA eher da?

WARUM zergrübelte verloren
Wohninwerda, Woherwarum.
Ein Mond grinste unverfroren.
WARUM fror und steckte um

sich aufzuwärmen eine Hand
in den Mantel. WARUM fand
eine Flasche. Voll und schwer
mit flüssigem Deshalbdaher.

WARUM trank die Antwort leer.
Bis Wohalbweshin nicht mehr
warumte. Seine Zeit war um.
Was WARUM da trank, war Rum.

REGENWURM

Ein deutscher Regenwurm lebt sehr
bequem und gut von dem Verzehr
bester schwarzer Muttererden.
Nie drücken ihn Magenbeschwerden,

Durchfall oder gar Erbrechen.
Bauchschmerzen und Seitenstechen
kennt er nicht. Er ist gesund.
Das hat natürlich seinen Grund.

Weil, nämlich: Seit Generationen
seinesgleichen im Boden wohnen
die tausendmal schon durchgekaut
was er gefahrlos nun verdaut.

So kann er, bieder, glücklich, klein
vor Bodengiften sicher sein
und frisst täglich mit bestem Gewissen
was seine Vorfahren ausgeschissen.

Doch, er frisst nicht einfach NUR:
Er trägt BEI! Rund um die Uhr
Erstens zur besseren Bodengestaltung.
Zweitens, natürlich, zur Arterhaltung.

So geht es diesem Wurm nicht schlecht.
Nützlich ist er auch, ganz recht...
Und er hat Träume: Sein schönster ist
dass, was nach ihm kommt, einmal frisst,

was er verdaut mit großem Fleiße.
Das ist bei Licht betrachtet Scheiße.

EIN REH

Hinter einem großen Haufen
Bücher, die kein Kunde kaufen
wollte, weil gar nichts passiert
in ihnen, das sie interessiert,

saß ein Reh. Fast noch ein Kitz.
Keiner nahm ernsthaft Notiz
vom Buch, das dieses designierte
Buchpreisträgerreh signierte.

Abschreckend war der Titel schon
„Die Rehsozialisation…"
Beim Buch vom Reh erwartet man die
Retrospektive: „Ich war Bambi!"

An die Fenster pochte Regen.
Traurig dachte sich das Reh: „Gehn
wird jetzt wohl das Beste sein
mich vermisst hier doch kein Schwein.

Es beschloss: Nach Hamburg fahrn!
Dorthin gelangt ein Reh per Bahn.
Ein Jäger sah' s vorher. Nun stiert
das Reh nur noch, sehr reserviert

von dunkler Imitatholzwand
in einem Forsthausrestaurant,
wo man für den, der reserviert,
als Leckerbissen Reh serviert.

Und warum all das passierte?
Nun ja.. Weil das Reh signierte.

PLANWIRTSCHAFT

Die Wüste lag mit Sonnenbrand,
vertrocknend, matt in ihrem Sand,
mit ungehörten Stoßgebeten
die etwas HaZweiO erflehten

versuchte sie, Gott zu erweichen.
Es gelang ihr nichts dergleichen.
Er hatte grad die Wassermassen
zu Eisskulpturen werden lassen

in Grönland. Für die Wüstenei
war deshalb kein Wasser mehr frei.

Das war ihm peinlich, keine Frage.
Kurz überdachte er die Lage
und schenkte, so will es die Sage
der Wüste eine Schneckenplage.

Heute wissen wir genau:
Das Geschenk war doppelt schlau.

Bald schrumpfte, dank Molluskenschleim
der Riesendurst von groß auf klein.

(Wenn unter einem feuchten Stein,
der Wasser spenden könnte, Schnecken
und zwar gleich Hunderttausend stecken
erlischt die Lust auf Wasserschlecken.)
Als die Schnecken dann verrecken.

sinkt fließend schwarzer Schneckenbrei
tief in die wüste Wüstenei,
in jedes Loch und jede Höhlung
als schwarzgoldige Erdverölung.

Gott nahm Sand,
ein kleines Quäntchen,
Gott erfand
das erste Männchen,
unterwarf es seinem Willen,
Teil zwei des Planes zu erfüllen.

Das geht alles ziemlich schnell.
Mensch findet Öl. Mensch gründet Shell.
Mensch fährt Auto, Mensch beheizt
die Atmosphäre. Mensch bereist
Grönland, eingemummt in Pelzen,
lässt die Gottesgletscher schmelzen

wodurch sich der Wunsch der Wüste
nach Wasser bald erfüllen müsste
So vollzieht sich Gottes Plan.
Stolz auf das, was er getan,
legt sich Mensch froh und beschwingt
in die Wüste. Und ertrinkt.

Gib dem Mensch einen Plan.
Er wird folgen. Wo und Wann
oder Wer den Plan erdacht hat,
Fragt Mensch niemals.
                Nein, Mensch macht dat!

LEIDER UNÖKOLOGISCH

Die Sonne liefert Ökostrom
behaupten die Broschüren.
Sie strahlt jedoch durch Kernfusion
Lasst Euch nicht irreführen!

Sie ist Atommüllproduzent
Dass man den Strom, der Dreck ist
noch immer ökologisch nennt,
geht nur, weil sie weit weg ist.

WAS WIRD MAN SAGEN?

Was wird man sagen über uns und unsere Tage?
Mutlos waren sie und lebensscheu und satt
und kannten schon die Antwort vor der Frage
und fürchteten den Sieg mehr als die Niederlage
und fanden zwischen Sein und Haben statt?
Zwischen Null und Eins nie ganz entschieden?
Sie lachten über altbekannte Witze
im Angesicht von altbekannten Kriegen,
die sie bedrängten, sie und ihren Frieden,
in Zimmern zwischen Hanfleinen und Spitze,

während auf den Schlachtfeldern im Osten
Granatenhülsen wuchsen und kein Korn,
schützten sie ihr Altenteil auf Kosten
einer Jugend, die im Westen ihren Posten
verließ, weil ihn die Alten längst verloren;
während übervolle Kähne aus dem Süden
unerwünschte fremde Jugend brachten,
mit leere Mägen, leeren Augen und mit müden
Herzen, die unsere erlernten Attitüden
gespielten Mitleids nur noch leerer machten;

Während Gletscher schmolzen hoch im Norden
und Meere wuchsen, hofften sie auf Wind
für ihre Yacht in südlicheren Orten,

erobert von touristischen Kohorten,
Sie sahen alles und sie blieben blind?

Das wird man sagen, über uns und unsere Tage?
Sie saßen auf der Insel und auf Geldern,
betend um Erlösung von der Frage,
"Was tun?" und dass Computer in der Lage
wär'n, aus abgeholzten Regenwäldern,

Bombentests, verschwundenen Tieren,
Sturm, Beben, Flut, die sich ausbreiten
sinnstiftend eine Zahl zu extrahieren?
Wird man auf Kraterwüsten stieren?
Was wird man sagen über unsere Zeiten?

Dass wir in unserer allerletzten Stunde
als um uns Granaten, Felsen, Kugeln
und Weltraumschrott zerbarsten, wunde
Finger über Handys schoben, Vagabunde
der Geschichte, die sich Pizzadienste googlen?

Was wird man sagen,
über uns und unsere Tage.
Wird man was sagen?
Ist vielleicht das die Frage?

MAI DEMONSTRIERT

Der Mai macht mich so traurig.
Das Leben spritzt und sprießt
ins Grüne. Neidisch schau ich
wie es vorüberfließt,

wie Bäume sich aufbäumen
wie Blüten blutend blühen
wie Träumer Träume träumen
wie Mythen Mut bemühen,

in Flüssen Flusen flüstern,
wie Rosen rosig rosten
Lustig Luden lüstern
Cousinen kosend kosten

wie sie im Wind sich winden
wie sie zu scheinen scheinen.
Trotz aller Finten finden
die Andern stets den einen.

Nur mich macht Mai so traurig.
Den wahren Grund dafür
kenne ich so genau nicht.
Vermutlich liegt's an mir.

FRÜHLINGSKURZURLAUB IN BAYERN

Wenn man so sitz, auf dem Balkon
das Alpenpanorama in der Ferne
sattgrüne Wiesen, dutzende davon,
die Häuser Stein statt Stahlbeton
den Schoß besonnt von Frühlingswärme,

Nase und Ohr voll Landwirtschaft,
und Pollen lebensfroher Linden,
die ungestüm und flatterhaft,
freigiebig ihre Lebenskraft
mit jedem teilen, den sie finden,

will man den Alltag schon verlassen,
hier weiter leben und hier bleiben,
bei blauweiß Kitsch an Kaffeetassen
den Mädchen in die Dirndl fassen
und Rinder auf die Wiesen treiben

und überhaupt wieder ganz spärlich
leben, von der Hand zum Mund,
bescheiden sein, glücklich und ehrlich.
Das Leben ist lebensgefährlich
und hier, wie`s aussieht, noch gesund.

Ein Radio summt. Der Wettermann,
warnt stürmisch vor Gewitterböen.
Man zieht ins Haus und sich was an,
fährt wieder heim. Den Regen kann
man, weiß Gott, auch zu Hause sehn.

Man nimmt sich vor, zurück zu kehren.
Ganz sicher. Doch! Es wird passieren!
Wenn die Termine nur nicht wären!
Der Sturm bleibt aus. Weil seine Sphären
die Wetterwarnung ignorieren.

GLÜCK

Wenn die Zeit mal Urlaub macht,
werden Stunden, wird die Nacht
zum konzentrierten Augenblick.
Menschen nennen das gern „Glück."

Aber dann kommt Zeit zurück,
ausgeruht und feist und dick
lässt sie sich im Sessel nieder:
„Na, dann wollen wir mal wieder."

FAHRT INS GRÜNE!

Sonnenlachen
Seelengrienen.
Ausflugmachen
Spaß im Grünen!

Motor starten
Stadtverlassen.
Bäume, Garten,
Hoppelhasen
Radiowarner
Blitzerfalle
Sonntagsfahrer
Sprit war alle.
Teure Tanke!
Billig grinsen
leberkranke
Kioskprinzen.

Weiterfahren
Diskussionen
Treibstoffsparen
Besser wohnen,
Leben lassen!

Navigator
Zielerfassen
Landschaftsparktor
Parkplatzortung,
Parkplatzflegel!
Parkplatz fort. Und
Parkplatzregel?
Parkgebühren
Parkplatzklima
knistern spüren.
Lücke! Prima!
Parkergründen
Parkaschwitzen.
Park schön finden.
Parkbanksitzen.
Parcoursende.
Parkuhrklingeln.
Kalte Hände.
Heimwärts tingeln?
Mittagstisch
Seegaststätte
Fischfangfrisch
Toilette
Ausgepinkelt

Kellner warten
Quittung. Trinkgeld.
Heimwärts starten

Rentner rasen
lenkradkrampfig
auf den Straßen
Tempo zwanzig
Windschutzscheiben-
nassgefluche.
Ruhigbleiben!
Putztuchsuche.
Mumienhampel
schleich nach Hause!
Rote Ampel.
Luftholpause.

Staubaustelle.
Fingerhämmern,
Auf die Schnelle
Abenddämmern

Regenkriegen.
Heim erreicht.
Ausgestiegen.
Durchgeweicht.

Tagesschausehn
Kampffilmhühne
Bett mit Frau gehen
Fahrt ins Grüne.

STRANDKOKAL

Das Leben fühlt sich manches Mal
an wie ein Tag im Strandlokal.
Die Sonne brennt, das Bier ist frisch
nur viel zu klein. An jedem Tisch
will irgendjemand schnell mehr.
Und Du? Du bist der Kellner!

SCHREIB MIR BALD

Schreib mir bald, wenn du es möchtest,
wenn du schreibst, bin ich Dir nah.
Frage nicht, ob mir das Recht ist,
Schreib nur bald, ich warte ja!

Schreib mir schwarz auf weiße Wand,
schreib mir Lippenstift auf Spiegel,
schreib mir Finger in den Sand,
schreib mir Kreidestrich auf Ziegel,

schreib mir bald, auf Briefpapier,
Quittungsabriss, Ansichtskarte!
Wenn Du schreibst, bist Du bei mir.
Schreib nur bald! Ich warte. Warte.

Schreib mir Lettern oder Laute
schreib das Schlechte mir, das Beste;
schreib mir Sätze, halb verdaute,
schreib, ich träume mir die Reste!

Schreib mir bald, wovon Du isst
was Du riechst, an welchen Orten,
Du ohne mich auch glücklich bist.
Schreib! Ich lebe ja von Worten.

Schreib mir, dass Du wiederkehrst.
Schreib mir, Du bist längst beim Packen,
schreib mir, dass Du nie mehr fährst.
schreib mir Gänsehaut auf Nacken.

Schreib mir bald. Ich warte noch.
Schreib mir, dass wir uns verpassten.
Schreib mir: „Sei geduldig!", doch
schreib! Ich kann nicht Lesefasten.

Schreib mir bald, selbst wenn Du denkst,
Schreiben sei kein Grund zu eilen.
Schreib mir bald. Ich lese längst
zwischen nicht geschriebenen Zeilen.

POST AUS DER SOMMERFRISCHE

Die Hummel fliegt
vom Hammel
in den Himmel.
Über einem Schneck

ziehen Bienen
Bahnen durch
die Bohnen
saugen Blütenspeck.

Dünn dehnen
Dühnen sich
und dienen
Pärchen als Versteck.

Ich send
Sand vom
Sund per Brief
an Deinen Fleck.

DARß - WESTSTRAND

Das ist der Strand,
an den die Zeit sich setzt,
nicht mehr dannt und wannt
nur noch hiert und jetzt`t.

Das ist das Meer,
in dem das Zwielicht schwimmt
nicht licht- noch schattenschwer
Schein auf Sein gedimmt.

Hier liegt ein Ast
tot angeschwemmt, verdorrt.
Hier, zwischen schon und fast
ist er ein Ort.

Er ist der Ort,
wo es kein Dir und mir
mehr gibt, kein da und dort:
nur hier und wir.

SOMMERENDE

Der Sommer ist vorüber.
Der Himmel heult sich aus.
Die Blicke werden trüber.
Die Gullys laufen über.
Uns steht wohl Herbst ins Haus.

Die Sonne ist verzogen.
Sie mag den Regen nicht,
fühlt sich von ihm betrogen,
weil er für Regenbogen
ihr teures Licht zerbricht.

Uns wäscht er von den Wangen
das letzte Strandbadbraun.
Der Sommer ist vergangen.
Wir jammern. Kinder fangen
schon an mit Drachenbaun.

MITTELMASS

In der Mitte seines Lebens
unter seinesgleichen saß
am Tresen und vergebens
ein deutsches Mittelmaß.

Er war ein Mittelständler,
sein Wagen Mittelklasse.
Als mitteldeutscher Pendler
vertrieb er Mittelmaße.

Politisch war die Welt
ihm in der Mitte recht,
im Fußball Mittelfeld.
Sein Mittelmaßgemächt

erfreute mitternächtlich
die Frau. Und sie bekommt.
zwei Jungen, mittelprächtig,
mittelgroß und mittelblond.

„Die Mitte kriegt der Tüchtige!"
war sein Lebensmotto,
Er hatte mal fünf Richtige
und zwar im Mittwochslotto.

Es ließ die Gäste bechern
Prost auf ein Mitteljahr!
Er zahlte für die Zecher
und zwar unmittelbar

Beladen mit Geschenken
sprach er: Ich gehe mal
mein Mittelmaß versenken
im Mittellandkanal.

Im statistischen Mittel
geht Selbstumbringen schief.
Auch er, mit nassem Kittel,
zog heim, sich aus und schlief.

Von seiner Verkündung
blieb, als er Frühstück aß
nur Mittelohrentzündung,
Auch sie war Mittelmaß.

PLÖTZLICH

Was Du seit Ewigkeiten suchst,
worauf Du Ewigkeiten lang gewartet,
was Du auf Ewigkeit verfluchst,
wofür vor Ewigkeiten Du gestartet,

was Du seit einer Ewigkeit erträumt,
was unerreichbar schien für alle Zeiten,
was in dir ewig kochend schäumt,
was ewiger Dir schien als Ewigkeiten:

steht plötzlich in der Tür.
Ist einfach da
und will zu Dir,
zum greifen nah.

Und es grinst
Und es sagt:
Du, ich bin`s,
Guten Tag.

Es will rein
und schaut dumm.
Du sagst: Nein!
Deine Ewigkeit ist um.

DAS SEIL

Das Stück ist aus. Der Vorhang fällt nicht.
Das Publikum geht nicht nach Haus.
Müd neigen auf der Bühnenwelt sich
entkräftete Akteure vorm Applaus.

So geht das schon seit über einer Stunde.
Die Spieler auf der Bühne schwitzen,
die Leute klatschen sie zur nächsten Runde;
und gehen nicht und bleiben einfach sitzen.

Ein schlechtes Stück mit mäßigen Akteuren,
das Urteil der Kritik wird sein: Beschissen!
Sie wissen das und müssen Beifall hören.
Das Bühnenvorhangseil ist abgerissen.

Sie schwitzen. Die Kostüme sind zu schwer,
das Licht zu grell, die Schminke viel zu dick
im tosenden Applaus bekennt der Regisseur
„Ich nehme mir heute noch den Strick!"

Beifällig nickend und Beifall erzeugend
schlägt das Publikum laut in die Hände.
Wenn sie nicht gestorben sind, verbeugen
sich heut noch alle, hoffen auf ein Ende

der Peinlichkeit, der Bückerei, der Welt,
darauf, dass doch der Vorhang fällt
und sie nicht mehr länger quält.
Sie wissen: Was am Ende zählt,

ist nicht das Schauspielergeschick,
sondern nur ein blöder Strick
der seine Wichtigkeit beweist,
indem er, statt zu halten, reißt.

KINDERREIM

Fenstermann, Fenstermann
schrei mich nicht von oben an,
Von wegen: Du machst mich gleich Beine!
Hast ja selber keine!

NASENFRAGE

Die Nase trägt die Wurzel oben.
Ihr blanker Rücken zeigt nach vorn.
Die Flügel sind noch nie geflogen
und man kann in ihr aufwärts bohr`n.

Sie läuft oft, intensiv und gern
und hat sich doch nie entfernt.
Sie wird, im Gegensatz zum Haupt
im Alter nicht des Haars beraubt.

Die Nasenspitze ist meist rund,
Oft strahlt sie gelb, pickelbesetzt.
Weil freie Aussicht, auf den Mund
das ist, was ein Mitesser schätzt.

Unermüdlich schafft sie kleine,
erbsengrüne Edelsteine,
Wenn die durch die Gegend schießen.
Nennen das die Menschen: Niesen,

Wenn wir sie nicht raus pellen können
fühlen wir uns miserabel.
Nur warum wir sie Popel nennen,
weiß kein Mensch. Korrekt wär: Napel.

FÜNFTER MONDOLOG

„Guter Mond, Du gehst so stille."
Ob jemand diesen Unsinn glaubt?
Bei Ignoranz hilft keine Pille.
Möglicherweise ist er taub.

Ich trample laut. Ich keuche Schwere,
wie Asthmakranke auf der Treppe.
Ich schleppe schließlich alle Meere
damit Ihr Flut bekommt und Ebbe.

Ich ziehe seit den ersten Tagen,
das Wasser, Fische, Wale, Krill.
Ich will darüber gar nicht klagen,
doch wer glaubt, so was ginge still?

Ich geh nicht still. Ich bin nicht gut.
Ich bin der Mond, Du Mondgesicht!
Ein Klumpen Fels, der einfach tut
was er zu tun hat und mehr nicht.

So wie die Putzfrauen und die Müllabfuhr, Friseure, Metzger, Schreiner.
„Toilettenfrau, Du wischst so still!
Das besingt von Euch nicht einer.

Sagt einfach: Danke, lieber Mond!
Wer möchte, darf vor Rührung weinen.
Oder sagt gar nichts. Nur verschont
mich endlich mit den Kinderreimen.

Viel besser, als wenn ihr nur singt,
fände ich, ihr gäbt Euch Mühe
dass es nicht so entsetzlich stinkt
in den Meeren, die ich ziehe.

AUFBINDBÄREN

Bären gibt es groß und klein,
weiße, schwarze, braune,
Erd, Johannes, Lor und Wein
und auch Lilalaune.

Der Schah in Persien vermachte
einst seinem Schah-Bär einen Frack,
welchen der zerriss und lachte:
Er stand sehr auf Schabernack(t)!

Komplett über' n grünen Klee
rühmt Uhu seinen Klee-Bär.
Wenn ich früh zur Arbeit geh,
bin ich dann Arbeit-Geh-Bär?

Die Helfer bei der Bärenjagd,
sind drei. Man nennt sie Trei-Bär.
Wer immer schreit, wenn er was sagt
ist noch kein guter Schrei-Bär.

Traurig lutscht am Eisen der
Kette seines Jungen
ein alternder Ameisenbär
und wünscht sich scharfe Zungen.

„Eh, sei mein E-Bär!" grunzt im Stall,
als ob sie seine Frau wär,
die Sau. Er will auf keinen Fall.
„Mach Du hier erst mal Sau-Bär!"

In China sprach der Fu zur Li:
„Ich wär so gern Dein Lie-Bär"
Doch, leider Gottes: Li war Bi
und er nun mal kein Bi-Bär!

Bricht auch die Eisscholle schon laut,
hofft doch der Eisbär inniglich,
dass Grönland niemals völlig taut.
Ein Tau-Bär sein, das will er nicht!

NACKTE TATSACHEN

(Eröffnung der Ausstellung: „Vielschichtig- Die
Kunst des Körpers zur Verwandlung" im
Kunsthaus Sans Titre, Potsdam, 9.Mai 2014)

Ursprünglich wollt ich, frei von Zwängen
heute Abend nackt erscheinen.
Es wär den Bildern, die hier hängen
angemessen, könnt man meinen.

Dann habe ich eine ganze Stunde
nackt vorm Spiegel zugebracht,
inspizierte meine Pfunde,
Und habe wieder umgedacht.

Was ich sah, war nicht erfreulich.
Falten, Fett, behaarte Ohren,
Zähne gelblich, Brauen gräulich,
blaue Nasenadern, Poren,

Ein Doppelkinn am Halsbeginn
durch Haltung gerade noch kaschierbar
das gilt, schaut man zur Wampe hin,
nicht mehr, deren Schöpfer Bier war.
Das sollte ich sein? Nein, unmöglich.

Noch neulich war ich sportlich schlank,
mit Marmorhaut. Ich joggte täglich.
War vielleicht der Spiegel krank?

Er war es nicht. Nur ich gekränkt.
Vom Anblick meiner Überdehnung.
Was man manchmal von sich denkt
ist schlicht gestörte Selbstwahrnehmung.

Was wir wirklich sind, das sehen
wir nur selten, wenn`s uns packt
und wir lang vorm Spiegel stehen
gelassen, ungestört und nackt,

gerade raus und restlos ehrlich.
Allerdings im Alltag finden
wir das Nacktsein sehr entbehrlich
(wenn nicht subversiv gefährlich)
und müh`n uns, es zu unterbinden,

Bei der Geburt bereits. Man hüllt
das neugeborene Lebensbündel,
das nackt erscheint und herzhaft brüllt
sofort in eine dicke Windel.

Warum man es so fest verpackt?
Um es zu schützen? Nein, weil`s uns,
sonst in das saubere Leben kackt!
Nackt blieb das Kind nur in der Kunst
Man malte Flügel an die Knochen
ihm, bis es ein Engel war. Prompt
fliegt es durch die Stilepochen,
wobei es ohne Windel klarkommt
und allzeit sehr zufrieden grinste.
Wer sich außerhalb der Künste

ein Bild von nackten Kindern macht
tut etwas, das er nicht tun darf
und gerät in den Verdacht
er sei Kinderpornograf.

Man sagt, der olle Adam ist
schuld, dass Nacktheit uns verschreckt.
Als er in die Erkenntnis biss,
hat er das Feigenblatt entdeckt.

Mangels besserer Ideen
gab er es Eva, die es nahm, bloß
sich zu schmücken und seitdem,
sah Adam Eva nur noch scham-los.

Erkenntnis sei es, lernten wir,
die uns bei Nacktheit Scham empfinden
lässt. Und so entfernten wir
das Nackte, ließen es verschwinden.

Wir leben mit dem festen Willen
nackte Fakten, die uns packen
zu verstecken, zu verhüllen,
zu bemalen, zu belacken.

Will das nicht gelingen, bleibt
manchmal nur betretenes Schweigen:
Wenn Kameras aus Abu Ghreib
nackte Menschenhaufen zeigen,

machtlos ausgeliefert ihren
Wächtern, die uniformiert
grinsend für ein Bild posieren
Gewalt ist nackt, wenn sie passiert.

All die in Birkenau Vergasten,
die Erschlagenen Roter Khmer,
abgehackte Kindsgliedmaßen
in Darfur, gehen uns näher

weil sie nackt sind. Furchtbar nackt.
Ihre Nacktheit macht das Grauen,
dass uns bei dem Anblick packt
groß genug, um wegzuschauen.

Wenn, zum Ausgleich dieser Schrecken,
wir am Zeitungskiosk endlich
den Kopf in Hochglanznacktheit stecken,
scheint uns das ganz selbstverständlich;

Wir wissen: diese Fleischidyllen
aus nackter Haut sind auch nur Hüllen.

Die Nacktheit existiert natürlich
nicht losgelöst von Ort und Zeit
und schon gar nicht an und für sich.
Sibirien ist groß und weit
für Putin, der sich dort halb nackt
filmen lässt als Gottesschwager.
In Moskau bringt derselbe Akt
tut Frau ihn, schon mal Arbeitslager,

sofern sie Brüste blitzen lässt
als Demonstrantin vor Altären

Nacktheit kann, ist sie Protest,
reichlich Ärgernis bescheren.

Das Leben wäre manches Mal
komplett verhüllt vielleicht viel leichter.
Doch dann: Ein erster Sonnenstrahl
schleicht durchs Fenster früh, erreicht sehr

zart die traumlächelnden Züge
der Liebsten, nachtgeweichte Haut
ins Laken fließend auf der Liege
Und staunend wie ein Argonaut

versenk ich in dies goldene Vließ,
Augen, Lippen, Hände, Nase.
Die Nacktheit ist meine Oase
Was sage ich: Mein Paradies

Ihre Nacktheit ist die Hülle
und gemacht, um mich zu wärmen
in meiner ganzen Leibesfülle.
So nah, dass ich davon nicht schwärmen

muss. Ich kann es nehmen!
Voll mit „Du Darfst". Und kein „Du musst!"

Voller „Zeig. dich". Kein „Los, schämen!"
Nur nackte Schönheit. Nackte Lust.

Die festzuhalten, zu umklammern,
endlos, grenzenlos, total
wär gescheiter, als zu jammern
von Verhüllung und Moral,

über Normen, die begrenzen,
über Eitelkeit, die zwingt
über die Ambivalenzen
die die Nacktheit mit sich bringt;

über so ein Spiegelbild
das existente Körperschwere
in Alter statt in Schönheit hüllt,
obwohl ich lieber jünger wäre

und stark genug, um frei von Zwängen
nackt vor Ihnen zu erscheinen.
Es wär den Bildern, die hier hängen
angemessen, könnt man meinen.

Dass ich es nicht tat, nicht mal könnt,
weil mich die Konventionen leider

fesseln, liegt ja wohl im Trend.
Ich seh` hier keinen ohne Kleider.

Mal abgesehn von den Bildern
die die nackten Wände füllen
mit ihrer Nacktheit. Wortlos wildern
sie in den Gedankenhüllen

des Betrachters, der erschauert,
wenn er sich darin erkennt.
Die Hülle geht. Die Nacktheit dauert
in dem, was man Erinnern nennt.

Mehr als ein Spaß. Mehr als Spiel. Wichtig.
Nacktheit wird zu Sein und Handlung.
Entdecken Sie es hier: „Vielschichtig-
Die Kunst des Körpers zur Verwandlung"

des Betrachters. Das zu haben
wünsch ich uns einen guten Abend!

VERANTWORTUNG

Sie lag einfach da. Keiner wollt sie haben.
Da lud ich sie auf mich und trage sie seitdem.
Wofür? Ich habe aufgehört zu fragen.
Mir wär die Antwort wohl nicht sehr genehm.

Sie lag einfach da. Das schien nicht korrekt.
So hab ich sie kurzerhand einfach adoptiert.
Die Verantwortung. wirkte so klein
am Anfang, und so leicht. Was ist passiert?

Ich habe diese Last mir alleine ausgedacht.
Nun schlepp ich sie und bin niedergedrückt.
Was hat Verantwortung mit mir gemacht?
Stark war ich. Heute? Schleiche ich gebückt

und kraftlos. Sie wuchs und wirkt riesig.
Ich möchte sie abschütteln, erschlagen.
Mir ins Fleisch schneidet grinsend sie sich:
„Wer Antworten sucht,
       muss Verantwortung tragen".

VERGLEICH

Der Vergleich war ziemlich stinkig.
Er wollte wissen: Warum hink ich?
So klagte er, auf Schmerzensgeld
gegen Gott, gegen die Welt.

Das Gericht benahm sich voll cool
und spendierte einen Rollstuhl
Denn, befand der weise Richter:
Wer im Rollstuhl fährt, hinkt nicht mehr.

STEIN DES ANSTOSSES

Der Stein, der mir vom Herzen fiel,
und auf den Fuß brach mir den Zeh.
Es tat nicht einmal richtig weh,
nur wenig, wirklich, nicht sehr viel.

Genug jedoch, dass ich im Schreck
nach ihm trat. Ich schoss ihn weg,
den blöden Stein. Es klirrte schrill,
Es krachte laut. Dann war es still.

Sofort, das war vorhersagbar,
kamen Menschen angelaufen,
starrten auf den Scherbenhaufen
der einmal mein Glashaus war.

Ein Jemand ist sogar hinein
gestolpert. Und der Stolperstein,
durch den er in die Scherben fiel,
war mein Herzsteinprojektil.

Die Menge raunte arg entsetzt.
Die Empörung klang sehr ehrlich
„So ein Stein: Lebensgefährlich!
Hier hat sich Jemand fast verletzt!

Da kam, tatü, das Ordnungsamt:
„Weiß wer, woher der Fall-Stein stammt?"
Vorwurfsvoll verwies die Masse
nun auf mich. Na ist ja Klasse!

Weil ein Stein fiel, ist vom Schlag der
Zeh kaputt, ich obdachlos,
fühl diesen Stein wie Sisyphos
und bin inzwischen Angeklagter.

Dieser Stein ist mein Verhängnis.
Ich muss sicher ins Gefängnis,
falls die Menge sich doch einigt,
dass sie mich nicht vorher steinigt.

Der Jemand fordert Schmerzensgeld
für die Glashausscherbensplitter,
die das Amt mir, das ist bitter,
auch noch als Müll in Rechnung stellt.

Mensch blieb wenigstens der Richter,
er verurteilte mich nicht mehr.
Auch ohne lebenslange Haft
fand er, sei ich genug gestraft.

„Na, Ihnen fällt beim Haftverzicht
sicherlich ein Stein vom Herzen?"
fragte er. Ich sprach: „ Sie scherzen!
Ein Stein vom Herzen? Besser nicht!°

Wenn dir ein Stein vom Herzen fällt,
sitz nicht im Glashaus. Weil die Welt
an diesem Stein sonst ganz bestimmt
und ganz gehörig Anstoß nimmt

DEFINITIONEN

Der Wein ist eine Traube
aus der man Grappa braut.
Das Wissen ist ein Glaube
der sich zu zweifeln traut.

Das Morgen ist ein Heute
nur mit mehr Zeit und Glück.
Die Kinder sind dann Leute
und wir vermutlich dick.

Berühmt ist, wer in Stein gehauen
erduldet, dass die Meisen,
Spatzen, Tauben oder Pfauen
ihn Tag und Nacht bescheißen.

Wer in einem Glashaus wohnt,
kackt bestenfalls im Keller.
Wer den Kopf verliert, der schont
den Hals und stirbt meist schneller.

Der Sinn des Lebens ist ein Schatz
den jeder gerne fände.
Die Frage ist ein Antwortsatz
mit Hirtenstab am Ende.

NAIVES LIEBESGEDICHT

Du bist da und Ich bin hier.
Lieber wäre ich bei Dir.
Aber wäre ich bei Dir
wäre mein DA wohl Dein Hier.
Doch das hieße nur, my Dear:
Ich wär DA und du wärst HIER.
Besser wär, du kämest zu mir,
hierher und ich bliebe hier

wartend in dem Hierquartier
auf dein Klopfen an der Tür.
Da, es pocht, Du rufst: „Tada!
Angekommen, ich bin da!"
Das geht mir
nun wirklich nah:
Ich bin hier.
Was willst Du Da?

Ach, keine Enzyklika
ändert je die Geogra-
phie. Mein Hier ist deinem Da
nur Terra incognita.
Bei Licht besehen klar. Aha.

Ist denn keine Nonne da,
die das Licht, bei dem ich sah,
löscht mit einem Elixier
aus Seistill und Arnika?
Du bist da und ich bin hier...

Vielleicht ist er gar nicht da
dieser Unterschied, den wir
sahen, oder ich nur sah:
Wenn du da bist und ich hier
und mein Hier ist so sehr da,
dass dein Da ruft: Hier! Hier! Hier!
Dann ist wirklich alles klar.
Nicht wahr?

SCHLUSS

Dass wir hier stehen und darüber streiten
wer was bekommen soll, nach all den Jahren,
vom bunten Plunder abgelebter Zeiten,
Büchern, Bildern, die mal wichtig waren...

So weit hätte es nicht kommen müssen!
Nun ist es doch. Wir merken fassungslos:
Das Vertrautsein, Flüstern, Küssen
steckt nicht in ihnen. Es sind Dinge bloß.

Wer hat wann wen und wie zuerst warum?
Ermattet von den vielen Fragezeichen
sehen wir am Boden, blass und stumm
unsere Schatten sich die Hände reichen.

Viel Glück in Zukunft! Danke! Acht auf Dich!
Du auch! Ja sicher! Und der Schlüssel muss
zum Hausmeister! Natürlich, mache ich!
Es schließt im Schloss. Und dann ist Schluss.

BORDELLBESITZER WINTER WUNDER WANDERT IN DEN KNAST

Wenn Winter Wunder wandern wird,
werden Wirte werte Worte warten und
ein Mädchen gibt am Tresen unbeirrt,
dass ihr Kind noch Kant kennt, kund,

Dann werden, die das Lebenlieben loben,
laben sich in lupenreinen Lauben,
wo heute, die wir weinend wähnen, wohnen.
Frei von Hieben heben sie die Hauben

all die hehren Huren, die behaarten,
die die Hirten Herden horten hörten,
während sie der harten Horden harrten,
die das Sternenstarren ihrer Stirnen störten.

Aus kleinsten Siegen Segen saugend, sagen
Sie: Auf Laken liegend Locken lecken?
Die perfiden fetten Pfoten all der faden
schwitzenden Böcke an Backen und Becken

noch länger dulden? No! Nein! Nun naht
von Freiern freies frohes Frieren,
wenn Winter Wunder wandert. Fragt
nicht wann: Noch lässt er sich chauffieren!

EIN FEHLER

Einen kleinen Fehler quälte,
dass er scheinbar keinem fehlte.
Niemand suchte oder fand ihn
niemand fluchte und verstand ihn

niemand wollte korrigieren,
Fehlerdiskussionen führen;
niemand wollte ihn verreißen
nicht sein Gegenteil beweisen,

ihn verbessern, ihn entfernen
und schon gar nichts aus ihm lernen
Die Welt nahm ihn gar nicht wahr.
er war ihr schlicht zu unscheinbar.

Sind Renner Renner, weil sie rennen,
Nenner Nenner, weil sie nennen,
Zähler Zähler. weil sie zählen,
sind Fehler Fehler weil sie fehlen,

dachte sich nun unser kleiner.
„Ein Fehler der nicht fehlt ist keiner",
erkannt er in großer Klarheit
und präsentierte sich als Wahrheit

der Welt, die ihn nun tatsächlich
wahrnahm. Seitdem lebt er prächtig
als missverstandener mopsfideler
für wahr genommener kleiner Fehler.

Moral:
Manch Erfolg, den man so nennt ist
nichts als falsche Selbsterkenntnis.
Was wir als Wahrheiten erzählen,
sind oft nur Fehler, die uns fehlen.

WEIHNACHTSMÄRCHEN

Ein Wittchen und ein Weißchen,
suchten nach dem Schnee,
schon ihrer Namen wegen
die sie zu tragen pflegen.
Haben sie gefunden? Nee.

So stöberten die Schwestern
das reinste Schneegestöber,
doch Schnee blieb Schnee von gestern.
Manchmal ein Raureifrest, fern,
und dünn, ein rauer, öder.

Sie mussten wohl verbittern
und schließlich akzeptieren:
Kein Schnee ist mehr zu wittern.
Naja, und auch von Rittern
war nicht mehr viel zu spüren.

Schneeweißchen und Schneewittchen
warn Schönheiten, Prinzessen.
Doch ohne Schnee vorm Hüttchen?
Zwei alt gewordene Flittchen,
grau, von der Welt vergessen.

Ach Weihnachtsmann, Du Lieber,
schenke Schnee dem Pärchen.
Geht dann noch hin und wieder
ein Prinz ihnen ans Mieder:
Das wär doch mal ein Märchen.

KINDERBRIEF AN WEIHNACHTSMANN

Lieber, guter Weihnachtsmann,
Ich schreibe Dir für meinen Bruder.
Er sagt, es gibt dich nicht. Doch kann
er trotzdem einen Spielcomputer

kriegen? Paps sagt immer wieder,
das wäre ein zu teurer Spaß!
Stimmt das wirklich? Guter, Lieber
Weihnachtsmann? Da geht doch was!

Ich wünsche mir nur, zuzuschauen,
wenn er damit spielt. Mehr nicht.
Und dass wir uns nicht immer hauen,
weil er größer ist als ich.

Werde ich dich dies Jahr sehn?
Ich hab Dich letztes Jahr verpasst.
Aber der Teddy war sehr schön.
Er ist jetzt immer bei mir. Fast.

Nur wenn ich zur Bestrahlung geh,
dann nicht. Er ist doch noch zu klein.
Es tut meistens ganz schön weh.
Weihnachtsmann, die Mama weint

so oft in letzter Zeit. Vielleicht
kannst Du sie fröhlich machen?
Ich versuch`s ja. Oft nur reicht
meine Kraft nicht für ein Lachen.

Morgen bin ich wieder dran
und muss in die Klinik rein.
Lieber guter Weihnachtsmann:
Ich will auch immer artig sein,

kannst Du nicht bei der Visite
sagen, in den Weihnachtswochen
darf ich heim? Ja? Bitte, Bitte!
Du versuchst das doch, versprochen!?

Ich muss jetzt aufhören. Gute Nacht!
Du denkst an meinen Bruder? Gib
ihm, wenn er was Böses macht,
nicht die Rute. Hab Dich lieb.

WAAGETAGE

Ich stelle mich der Waage,
auf sie und darauf ein,
all meine Waagetage
könnten die fett`sten sein.
Erinnere mich vage,
wie ich einst, ungewogen,
schlank war. Eine Sage?
Erinnerung verbogen?
Ich wiege, auf der Waage
leis summend hin und her,
das Leben, das ich trage,
mit mir und vor mir her.
Ob ich je wieder wage
es, ohne abzuwägen,
ganz ohne Waagetage
zu lassen und zu leben?
Ich stelle mich der Waage,
die kalt auf Fliesen liegt,
betreten, ohne Klage,
nur wägt, sich niemals wiegt.
Sie braucht die Waagetage
viel nötiger als ich.
Ihr Dasein, keine Frage,
hat nur durch mich Gewicht.
Ihr eigenes kennt sie nicht.

APROPOS HAWAI UND BIER

Es gibt Gerüche und Gerüchte.
Und an beiden ist was dran.
Freche Früchtchen, frische Früchte,
die man nicht genießen kann,
blinde Hühner, krumme Flinten
ohne Korn und überdies
den frühen Wurm, den Vögel finden
die der Abend übrig ließ.

Es gibt auch Mett im Minarett,
mit eingebautem INAR.
Elisa mit und ohne Bett,
Pfannkuchen und Berliner.
Es gibt Qualen ohne Wahl.
Es gibt Wale die wir quälen.
Erzählungen von Rübezahl,
Landwirte, die Rüben zählen

Es gibt Wagen, die sich wegen
Pfützen nicht auf Wege wagen,
Krankentragen, die die trägen
Träger nicht zum Kranken tragen,
alten Rost, den keiner liebt,
es gibt lange Lügenbeine.

Es gibt nichts, was es nicht gibt,
jetzt sogar dieses Gereime.

Es gibt Weiten zu bedichten
es gibt Falter die im Licht tollen,
Es gibt Onkel, die wollen Nichten
Staatsanwälte, die das nicht wollen.
Es gibt Passivaktionäre,
Pazifisten die sich rüsten,
Gegenwehr gegen Gewehre,
Frauen, die sich mit Hintern brüsten

Es gibt Freizeit-Störtebeker,
die mit Kleckerburgen protzen;
Pferde, die beim Apotheker
lieber kacken, statt zu kotzen
Es gibt Schneider ohne Kleider
Es gibt Schuster ohne Leisten
Meister ohne Übung, leider,
und Nichts im All am allermeisten.

Es gibt Tüchtige, ganz glücklos.
Loch an Loch und hält doch nicht.
Manche Esel kommen nicht, bloß
weil man grad von ihnen spricht.

Letzte Beste. Erste Reste.
Mittendrin und nicht dabei.
Es gibt stattfindende Feste
mit ausgefallener Feierei.

Es gibt gut versteckte Stecker,
Kabelarme, die nicht reichen,
Es gibt ganz verdreckte Trecker,
Menschen die den Hintern bleichen
Es gibt Löcher ohne Käse
Es gibt Köche ohne Brei
Annas Nase, Anamnese
Und es **gibt** Bier auf Hawaii.

MÄRCHEN

Ich traf eine jener stillen
wohlmeinenden guten Feen,
die dir einen Wunsch erfüllen.
Ich sagte Ihr, ich hätte zehn.

Sie sprach, ich müsste mich beschränken,
auf einen Wunsch. Doch das ist schwer.
So schwer, dass diesen Wunsch zu denken,
allein schon ein Wunsch von mir wär.

Sie sagte: Top, die Wette gilt
und schwang ihr Zauberstäbchen:
Dein Wunsch nach Wunsch sei dir erfüllt.
Und dann verschwand das Mädchen

mit sich zufrieden, wie mir schien.
Ich blieb vertrottelt stehen:
Mein einer Wunsch, jetzt kannt' ich ihn.
Nur Feen waren keine mehr zu sehen.

Der Wunsch jedoch, den ich zuvor
nicht kannte, nagte jetzt an mir,
saß wie ein Geist in meinem Ohr
und rief wünschwünschwünschwünsch es dir.

Sie tun, als wären sie die netten.
Doch dann verscheißern sie uns schlicht.
Dass wir einen Wunsch nur hätten,
das wünschen Feen sich. Wir nicht!

Sollt ich ne Fee je wieder sehn,
die meint, Erfüllerin zu sein,
dann bleib ich lieber bei den zehn.
Oder, sage: Danke, nein.

ELFEN UND FEEN

Ein Elf, der eine Elf sah, fand
sie nicht besonders attraktiv;
zu kantig, dünn, kaum interessant
und die Kinnpartie zu schief

Er hat sich nie mit ihr vereint,
sie nicht einmal umworben.
Das Elfenvolk ist, wie mir scheint
wohl deshalb ausgestorben.

Die Elf nur kann man heut noch sehn.
Sie liegt beim flotten Dreier
kuschelnd zwischen zwölf und zehn
Versautes Ding! Auweia!

SCHLÜSSELERLEBNIS

Ein Schlüssel kroch
ins Schlüsselloch.
Was hoffte er zu finden?
Er war erpicht
Das gelbe Licht
im Innern zu ergründen.
Der Schlüssel hing
nun in dem Ding
und fand kein Licht. Nur Rost.
Er kratzte hart
an seinen Bart,
bedachte sich und schloss
nach einem Auf
und Zu darauf:
„Das Licht war nur ein Schein."
Und Schlüssel kroch
vom Schlüsselloch
zurück zum Hosenbein.

EIN GLÜCK, DAS NIEMAND KONTROLLIERT

An der Haltestelle war ein
Glück allein und ohne Fahrschein.
Kein Automat, einen zu kaufen.
Glück hatte keine Lust zu laufen.

Weil es sich auf sich verließ,
Glück war und nicht nur so hieß,
sorgte es sich nicht so sehr.
„Niemand wird als Kontrolleur

da sein, wenn ich mal schwarz fahr.
Glück irrte sich. Und sehr sogar!
Die Busfahrt wurde ziemlich teuer
für das Glück. Ein ungeheuer

pflichtbewusster Mitarbeiter
mit Kontrollauftrag stand bei der
Fahrt gleich neben Glück im Bus,
und kontrollierte, wie er muss:

Ungefähr auf Streckenmitte
rief er: „Ihren Fahrschein bitte".
Glück mit einem Schlotterknie stand
neben Kontrolleur Horst Niemand.

Wir lernen erstens: Glück allein
kann einem Pech sehr nahe sein.
Zweitens: Dass es teuer wird
wenn einen Niemand kontrolliert.

Und Drittens (aber das betrifft
die geschriebene Überschrift:)
Ein „S" mehr zum „das" geführt
Und dem Glück wär nichts passiert.

WAHLSONNTAG

Ein Blauwal kam ins Wahllokal
und merkte mit Erschrecken:
Das Wahllokal, es war total
leer. Für ihn stand keine Wal
zur Wahl, nichts zu entdecken.

Weil's keine Wal gab, wählte er
im Wahllokal verdrossen,
sofort zu gehen. Hoffte auf mehr
Walbeteiligung im Meer
und verschwand auf feuchten Flossen.

Blauwale hat man seitdem
im Wahllokal nie mehr gesehen.

(Wobei deren Anwesenheit die Wahlbeteiligung
deutlich erhöhen würde)

BUNDESADLER

Siehst Du erhaben, anmutig und edel
über Dir den Bundesadler kreisen,
dann lass Dir raten: Schütz den Schädel!
Könnte sein, er will gleich scheißen.

HERR DEMOKRAT

Herr Demokrat ist ein Tyrann,
rücksichtslos und hart,
der nicht mal etwas dafür kann.
Ein Herrscher schlimmster Art.

Es ist Schicksal. Vögel fliegen.
Er hat Recht. Und er kann nie
in Abstimmungen unterliegen.
Was er möchte, will auch die

Masse aller andern. Immer.
Schon seine Erscheinung
macht ihn sofort zum Bestimmer
einer Mehrheitsmeinung.

Was er Weiß nennt, das ist Weiß!
Sogar wenn die Violetten
den physikalischem Beweis
des Gegenteiles hätten.

Was gesund ist, was schon krank,
er bestimmt, was gut, was schlecht,
was dank Mensch, was Gott sei Dank
geschieht. Ist das gerecht?

Mehrheit meinte: Keine Frage!
Worüber also sich beschweren?
Minderheit dachte an Klage
und an Volksbegehren.

„Abschaffung der Diktatur
des Herren Demokrat!"
Das waren große Worte. Nur:
Ihnen folgte keine Tat.

Denn am Volksabstimmungstag
kam kein Volk. Na Klasse!
Das Volksbegehren abgesagt
und zwar mangels Masse.

Ein Sieg, der die Demokratie
gewissermaßen heiligt!
Sie triumphiert sogar, wenn Niemand sich an ihr beteiligt.

EIN SCHUH?

Ein Schuh liegt auf der Straße,
hat seinen Fuß verloren.
Ist sein Fuß geflüchtet?
Oder abgefroren?

Der Schuh liegt da. Er riecht
nach feuchter Angst und Schweiß.
Ist der Fuß geflüchtet
davor vielleicht? Wer weiß?

Ein Schuh liegt auf der Straße
Ein bunter Kinderschuh.
Ist der Fuß geflüchtet
samt Kind? Vor wem? Wozu?

Der Schuh liegt da und offen
doch keiner, der ihn findet.
Ist der Fuß geflüchtet
aus Furcht, dass man ihn bindet?

Ein Schuh liegt auf der Straße,
so wie ein Tier. Tot. Handzahm.
Ist der Fuß geflüchtet
bevor das Auto ankam?

Ein Schuh liegt auf der Straße
und ist nur noch ein Fund. Muss
liegen bleiben, fluchtlos
auf dieser Straße, nahe Kundus.

REISEVERZIELT

Wenn ich vor der Post steh
und blicke auf die Ostsee
und kann dem Wellenrauschen
ohne Hörgeräte lauschen,
erschrecke ich für ein Sekündchen:
Das ist nie im Leben München!

DER NARZIST

Wer mich nicht mag, kann nur ein Blinder sein.
Wer mich nicht versteht, ist ein Idiot.
Ach Spiegel, Spiegel, Spiegelein:
Du verstehst mich. Leider bist du tot.

Die Welt ist ja so voll mit Ignoranten,
voll mit Puppen, selbstverliebten Gecken.
Spiegel, Spieglein an der Wand, wenn
ich es könnte, würd ich dich erwecken.

Sie glotzen nur, und sie bewundern nicht
was ich der Welt beschere: Meinen Zauber.
Ach Spiegel, Spieglein: Spiegle mich
Du Lieber, Kluger, Stummer, Tauber.

Doch warum überziehst Du meine Züge
mit Spinnenweben, Staub und Fliegenkot?
Ach Spiegel, Spieglein, bitte lüge
mich jetzt nicht an. Sag: Bin ich tot?

Wie sehr ich Wangen, Stirn und Kinn
verzweifelt reibe, es will nicht verblassen.
Ach Spiegel, Spieglein, sag mir, bin
ich nun sogar von Dir verlassen?

Verfluchte Welt, verdammtes Bessersein!
Ich gehe jetzt. Das ist, was Du verdienst, Du Spiegel, lügnerisches Spiegelschwein.
Ich würde dich am liebsten...Grienst Du?

ZIEH EIN IN MEIN HERZ

Zieh ein in mein Herz,
Verstand, wenn Du kannst!
Behauptest Du nicht:
„Es gibt immer Wege,
muss welche geben"?
Komm, zeig sie mir, ganz
gleich, wie sie aussehen,
Du schlauer Kollege!

Zieh ein in mein Herz,
Verstand, wenn Du magst!
Reiße an seinen
Narben Dir Wunden
und reiße sie auf,
wenn Du weise sagst,
„Kein Herz, hat je mehr
als Wunden gefunden."

Zieh ein in mein Herz,
wenn Du Dich traust,
Verstand! Es ist finster
darin und ganz blutig,
voll dumpfer Geräusche,
vor denen Dir graust,
voll rauschender Ströme.

Verstand: Bist Du mutig?
Zieh ein in mein Herz.
Es schlägt. Und es schlägt Dich
mit deinen durchdachten,
logischen Fragen.
Zieh ein in mein Herz,
Verstand! Es erträgt Dich
viel mehr als Du es
je wagst zu ertragen.

ODER ETWA NICHT

Die Alten lieben Helden schlicht
aus einem Grund: Sie sterben zeitig.
Sie machen ihnen deshalb nicht
den Platz im Ältestenrat streitig.

Ein Platz in diesem Rat der Alten
ist begehrt, weil äußerst selten.
Einen solchen Platz erhalten
meist Bürokraten, selten Helden.

Was ist es nun, das sie uns zu sagen
an Regeln, Tipps, Ideen, Verboten,
sie, die nicht zu sterben wagen?
Das Loblied auf den Mut der Toten.

ERZIEHUNG

Ich will das nicht essen!
Doch, Du musst!
Ich will jetzt nicht schlafen.
Augen zu!
Ich will weitermachen.
Jetzt ist Schluss!
Ich will noch ein bisschen...!
Was willst Du?!!
Aber ich...
Mach es nicht noch schlimmer!
Dann Türenschlagen. Tränen. Schrein.

Szenen aus dem Kinderzimmer?
Nein. Aus dem Seniorenheim.

MONOLOG IM BETT

Früher, einst, war voller Kraft ich:
Gott, wie war die Liebe saftig,
hingegossen in die Kissen. Feuchte Flecken?
Wer wollt`s wissen?

Wenn ich heut hantier, kommt Luft
bestenfalls. Kurz, schnell verpufft
gleichzeitig von vorn wie hinten
und im Laken später finden

schrecklich junge Krankenschwestern
Pissetröpfchen nur. Sie lästern
tuschelnd schon seit ein paar Tagen:
„Der sollte wirklich Windeln tragen?"

DER VERSTUMMTE

An alle, die mich nicht mehr hören
können wollen: Ich bin still.
An alle, die im Schlaf zu stören,
keinem meiner Worte, schrill
An alle ausgeschrien, gelingen
konnte, dummes Rumgelalle,
dass sich rieb an ihren Dingen
An alle, An alle!

An ihn, der mich nicht mehr erkannte
im schwarzen Schattenstummsein;
an ihn, der lässig lästig nannte
mein tonloses Herumschreien;
an ihn auch, der es gut zu spüren,
zumindest dann und wann schien,
zu fern, um sich gerührt zu rühren -
an Ihn! An Ihn!

An Dich, die aus dem nahen Dort bloß
mir Antwort gibt mit Rufen.
An Dich, die jene Stille wortlos
macht, die wir uns schufen,
An Dich, die mit dem Rettungsring
zu spät erst sich heranschlich

an den Sumpf, der mich verschlingt
An Dich, An Dich

An Jeden, der den Kummer lieber
kleiner lacht mit Scherzen,
An Jeden „Auf-demnächst-Verschieber,
die Träger träger Herzen,
An Alle, Ihn, an Dich, an jeden,
der noch nicht vermissen will:
Im Innern meiner lauten Reden
war ich stumm. Jetzt bin ich still.

NÜCHTERNES MEMENTO

Die Oma liegt im Sterben
auf Zimmer dreiundneunzig.
Es gibt nicht viel zu erben.
Kinder, Enkel scheuen sich,

sie noch mal zu berühren
und tun es dennoch, sachte.
Noch mal den Körper spüren
der sie zum Menschen machte,

der fröhlich und in Trauer,
nach warmem Kuchen roch,
den Körper einer Frau, der
in ihren Köpfen noch

am Herd steht und im Garten.
Sie ist? Sie war? Was sagt man?
Sie scheint nur noch zu warten,
liegt einfach da und starrt an

die weißen Klinikwände,
reglos ins Neonlicht.
Ein Leben geht zu Ende.
Der Tod verspätet sich.

Sie wird nicht leiden müssen
verspricht der Arzt den Erben
und streicht über das Kissen.
Die Oma liegt im Sterben.

DER BITTENDE

Ich werde hier stehen. Bis jemand mich hört.
Bis jemand mich sieht. Bis jemand begreift.
Bis jemand sich rührt. Bis jemand sich stört.
Bis jemand mit mehr als Blicken mich streift.
Bis jemand mich fragt. Bis wer mit mir spricht,
werd ich hier stehen. Bis mein Stolz bricht.

Ich halte die Hand hin. Ich halte sie bloß.
Seit sich die erste Hand hebt und steinigt.
Seit sie die andere bindet im Schoß.
Seit sie in Unschuld die andere reinigt.
Seit sie ins Feuer die andere legt,
halt ich die Hand hin. Für Euch. Unentwegt.

Ich werde hier warten. Bis jemand mich sieht.
Bis jemand mich bittet, ihn endlich zu bitten.
Bis jemand für mich seine Miene verzieht.
Bis jemand die Hand für mich öffnet, inmitten
geballter Fäuste, die Münzen umklammern,
werde ich warten. Und werde nicht jammern.

Ich halte die Hand hin. Bis jemand sie hält.
Bis jemand Halt sucht im Sturz oder Tanz.
Bis jemand sie will und bis sein Groschen fällt.
Bis jemand sich gut fühlt, der mir Arroganz

gibt, im Tausch für ein Stück meiner Demut,
halt ich die Hand hin. Bis es Euch weh tut.

Ich werde hier bleiben. Und stehen und harren.
Und rühre mich nicht. Und gehe nicht weg.
Und sehe Euch mühsam vorbei an mir starren
Und habe die Hand zu Euch ausgestreckt
faltig und rissig, die kurz und knapp sagt:
„Hier, meine Bitte." Bis ihr sie abschlagt.

PHASE DREIKOMMAFÜNF

Wo bleibt der Trost?
Er hätte schon vor Stunden
hier sein sollen,
um uns zu begleiten.

Wo bleibt der Trost?
Hat er uns nicht gefunden,
weil wir schweigen
und uns duckend schreiten,

ganz ohne Trost,
nur Trotz und Wasser weinen,
im zu großen
wilden Gräbergarten?

Warum will Trost
hier einfach nicht erscheinen?
Lohnt es sich denn
hier auf ihn zu warten?

Wo bleibt der Trost?
Er ist kein Tränentrockner,
nur ein Blender.
Er macht es sich leicht,
der Feigling Trost!

Fern, in der Zukunft hockt er
bis unser Zug
halbtot ihn erreicht.

Und dann wird Trost
gesalbte Worte sagen
zu schwach, um uns
abzuwenden, müssen

wir diesen Trost
dann irgendwie ertragen
und wünschen, er
möge sich verpissen.

DER VERZWEIFELTE

Ich möchte glauben. Glauben, dass in Allem
etwas wohnt, das Schönheit in sich trägt.
Ohne Drang, der Umwelt zu gefallen.
Meine Augen aber sind dabei im Weg.

Ich möchte glauben. Glauben, dass in Klängen,
etwas steckt, das Höher ist, ein Sinn,
Ohne Drang, Geplauder auf zu zwängen.
Meine Ohren aber hören dauernd hin.

Ich möchte glauben. Glauben, dass im Fühlen
etwas lebt, das eine Richtung weist.
Ohne Drang, nur meinen Mut zu kühlen.
Meine dünne Haut jedoch, stört dabei dreist.

Ich möchte glauben, glauben dass im Wissen
etwas liegt, das tröstet in der Nacht,
ohne Drang, Beweis liefern zu müssen,
wenn mein Hirn auch es unmöglich macht.

Ich möchte so gern glauben! Bitte schenke
mir Glauben, Herr. Ein Glaube wär ein Ziel.
Es muss nicht der an dich sein, weil ich denke
Ich bin zu alt dafür und weiß zu viel.

SONNTAGMORGEN

Sonntagmorgen um halb zehn.
Alle Kirchenglocken läuten,
wollen Kirchenleute locken.
Und in trockenen Socken hocken
längst die bußbereiten Meuten,
auf dem Sprung, um loszugehen,

los zu beten, los zu singen,
Sonntagmorgen, neun Uhr dreißig,
fremdes Los laut zu beklagen,
dass sie lautlos sonst ertragen,
und im Geiste, ach was weiß ich
wie viel Opfer darzubringen.

„Dem Herren gebet sein Gebet!"
Sie folgen diesem Aufruf sehr,
wenn um halb zehn, Sonntagmorgen,
sie sich fremde Sorgen borgen,
„Vergib uns Herr...Herr, gib uns mehr,
vom Frieden!" Weil es darum geht.

Erneut wird Gaza bombardiert,
In Haifa sichtet man Raketen.
Ebolakranke winden im Schweiß sich,
Sonntagmorgen, neun Uhr dreißig,
zwangskonvertierte Mädchen beten
dass man sie ihren Entführern entführt.

Amerika wirft Granaten und Essen
in den Irak; Dschihadtruppen stehn
bereit zur Erschießung aller Jesiden.
Alle tun alles für Glauben und Frieden
Sonntagmorgen um halb zehn,
und in Donezk kollidieren Interessen.

Die Glocken läuten die Leute retour,
geläutert zu ihren kleinen Geschichten.
Sie haben gebetet. Das reicht, oder was?
Und ich? Ich tue ja nicht einmal das;
sitze hier und versuche zu dichten,
Sonntagmorgen, halb zehn Uhr.

ES WAR EINMAL

Es war einmal. Und es war einmal wahr.
Heut nur ein Märchen noch war einmal klar,
war einmal hier. Und es war einmal schön:
der Drache, der Held, Prinzessinnen, Feen

waren einmal. Und sie waren real
der sprechende Baum, das Einhorn, der Gral
das herrliche Land hinter dem Regen-
bogen war nah und kam uns entgegen

wir konnten es fühlen, riechen und sehen:
Es war wirklich wahr. Wir konnten drin gehen,
unsichtbar werden. Und dann war es fort,
uns ausgetrieben mit nur einem Wort,

einmal gesagt nur, nur einmal notiert,
einmal berührt, hat es uns infiziert,
wuchs bis es einen Gedanken gebar:
Nein, all das ist nicht. Und der war dann wahr.

Es war einmal. ein ganz ferner Traum.
Es war einmal, wir erinnern uns kaum.
Es war einmal, eine Zeit die begann
Und wenn sie nicht gestorben sind, dann ...

VATER

Ich weiß nicht mehr so recht,
was die letzten Worte waren,
die ich dir sagte, Vater,
damals knapp am Telefon.
So was wie: „Ist grad schlecht,
ich bin beim Autofahren,
will noch ins Theater,
später melde ich mich schon..."
Und dann war kein Später,
nur ein Anruf nach vier Tagen
Mutter schluchzte lange,
sagte wenig und sehr still.
Im Grund war ihr diskreter
Satz:„Ich wollte dir nur sagen...",
das letzte, was ich bange
hörte, eh der Hörer fiel.

Ich weiß nicht mehr so recht,
was die letzten Worte waren,
Wie gerne hätte ich Dir
etwas Wichtiges erzählt.
Von Liebe und Vermächt-
nis, Dankbarkeit und Jahren,
und „Sorge dich nicht, mir
hat nie etwas gefehlt."

Und dann war kein Später,
nach zwei Wochen nur daheim,
ein Regentag im Mai,
schwarze Schirme, feuchten Lehm;
ein fremder Trauerredner,
leise säuselt „Summertime",
stumme Menschen nicken Bei-
leid, eh sie heimwärts gehen.

Das ist jetzt Jahre her
und noch immer grüble ich
nach über die Zeile
niemals ausgesprochenen Danks.
Manchmal wenn ich schwer
träume, dann verüble ich
mir die falsche Eile,
die nicht genutzte Chance.
Vielleicht war es nur Pech
Ich hab die längst absehbaren
Zeichen übersehen,
vielleicht war ich ignorant.
Ich weiß nicht mehr so recht,
was die letzten Worte waren,
Na ja, ich hoff trotzdem,
dass er hörte und verstand.

ALSO GUT, ZEIT

Also gut Zeit, komm, wir gehen.
Die letzte Nettigkeit ist ausgetauscht,
ihre Schminke trocknet schon und platzt.
Die letzte Schuppe ist vom Kopf gekratzt.
Die letzte Melodie ist abgelauscht
und erduldet kraftlos lächelnd, still,
ehe sie sich in das letzte Ohr legt,
das Gesumme, das ein Lob ihr vorträgt.
Ein müdes Lied, das endlich schlafen will.

Also gut Zeit, komm, sag Tschüss!
Der letzte Zorn ist irgendwie verraucht.
Letzte Worte, die durch Räume hallten,
haltsuchend gegen bunte Wände knallten,
haben alle Energie verbraucht
und erwarten nur noch ihr Entsorgen
durch professionelle Putzkolonnen,
die schon längst bereitstehen. Sie kommen,
wenn nicht heute, dann ganz sicher Morgen.

Also gut Zeit, nimm den Schirm,
der Regen ist ja kein Grund, dass man bleibt.
Er trommelt wild und unerhört vital,
nicht nett, nicht zornig, nicht einmal
Wort oder Melodie. Nur Rhythmus treibt

nach „fort". Nach „weg", raus aus den Zimmern, wo dieses wunde, triste „Jetzt" und „Hier" wunderbar strahlen wird. Nach dort, wo wir es anschauen im Nebel des Erinnerns.

LIEBE STIRBT NICHT

Liebe stirbt nicht in den Schlachten
ferner Länder, fremder Laken,
sie erstickt nicht in gemachten
Kissen, nicht an zu viel Fragen.

Liebe stirbt nicht in der Hitze,
nicht am: „Einer von uns müsste!",
nicht am schrillen Bettgeschwitze,
Keine Beben fremder Brüste

sind im Stande zu verschütten,
was die Liebe halten möchte.
Liebe stirbt nicht in den Mitten
wildgeküsster Partynächte,

Selbst in leerem Frost, im All
findet Liebe Wärme doch,
trotzig durch den Bombenknall
flüstert sie: „Ich lebe noch!"

Liebe stirbt nicht an der Liebe
Fremder, nicht an ihrem Hass.
Liebe stirbt nicht im Getriebe
eines Alltags, nicht mal das.

Liebe stirbt nicht. Kann nicht sterben.
Gehen? Ja. Verstummt verschwinden,
sich vor unserer Angst verbergen,
dass wir sie nicht wiederfinden,

sich verkleiden, bis sie fremd
uns erscheint und ganz unkenntlich,
abgewetzt im letzten Hemd.
Sterben nicht. Sie ist unendlich.

Unendlich groß, unendlich klein
unendlich voller zarter Triebe,
unendlich hart, brutal, gemein
unendlich lieb. Und endlich: Liebe.

HINTERHER

Kennst du das Gefühl „Danach"?
Wenn man wirre Worte wagte?
Wenn man, kurz nachdem man sprach,
merkt, was man da eben sagte?

Mein Haar ist grau. Mein Hirn ist blond.
Umgekehrt wär es mir lieber.
Das Leben geht. Das Leben kommt.
Mein Leben geht nie wieder.

Ich bin so unheilbar gesund,
dass mich die Kranken meiden
Auch sie woll'n lieber weiter un-
ter ihresgleichen bleiben.

Ich lebe so lebendig, dass
sie es mir längst verboten
haben, durch das Friedhofsgras
zu reden mit den Toten

Wenn ich doch ganz heimlich sprach,
mit denen, die dort liegen:
"Kennt ihr das Gefühl danach?",
dann haben sie geschwiegen.

Vielleicht ist das der ganze Trick
Danach den Mund zu halten
Davor zu schweigen, ist zwar schick.
Danach jedoch... Danach entfalten

alle ungesagten Sätze
schweigend ihren Goldcharakter.
Sie erscheinen uns als Schätze,
jede Silbe ein Smaragd, der

leuchtet, strahlt, die Sonne blendet,
unraubbar nur uns gehört,
den man gerne dreht und wendet.
Das einzige, das dabei stört

unablässig und beständig:
ist Davor, das nichts taugt,
aber untötbar lebendig
herumirrt und am Strahlen saugt,

bis kein Glanz mehr bleibt danach,
wenn das "Hinterher" vorbei ist,
wenn man merkt, wovon man sprach
und verkatert, nicht mehr high ist.

LAUTER LAUTE LAUTE

Also gut, Zeit	125
Apropos Hawai und Bier	88
Aufbindbären	61
Bordellbesitzer Winter Wunder	80
Bundesadler	98
Darß Weststrand	50
Das Seil	55
Das Warum	26
Definitionen	76
Der Bittende	115
Der Narzist	104
Der Verstummte	111
Der Verzweifelte	119
Die UlmAlm	21
Ein Fehler	81
Ein Glück, das Niemand kontrolliert	95
Ein Nashorn	4
Ein Reh	30
Ein Schuh	101
Elfen und Feen	93
Entree	8
Erziehung	109
Es war einmal	122
Fahrt ins Grüne!	42
Frühlingskurzurlaub	39

Fünfter Mondolog	59
Glück	41
Halt	18
Herr Demokrat	99
Hinterher	129
Kinderbrief an Weihnachtsmann	85
Kinderreim	57
Leider unökologisch	35
Leise Laute	5
Liebe Stirbt nicht	127
Lob des B	20
Märchen	91
Mai demonstriert	38
Mittelmaß	52
Monolog im Bett	110
Nackte Tatsachen	63
Naives Liebesgedicht	77
Nasenfrage	58
Nüchternes Memento	113
Oder etwa nicht	108
Phase Dreikommafünf	117
Planwirtschaft	32
Plötzlich	54
Post aus der Sommerfrische	49
Regenwurm	28
Reiseverzielt	106
Schlüsselerlebnis	94

Schluss	79
Schreib mir bald	47
Sommerende	51
Sonntagmorgen	120
Stein des Anstoßes	73
Strandlokal	46
Text mit blauem Fleck	12
Vater	123
Verantwortung	71
Vergleich	62
Waagetage	87
Wahlsonntag	97
Was wird man sagen	36
Weihnachtsmärchen	83
Zieh ein in mein Herz	103

Von Axel Schröder sind in der EDITION VERSLAND ebenfalls erschienen:

Glück von vorn
Versuchte Verbuchung von Verssuchungsversuchung Gedichte aus dem Pizzaofen

ISBN 978-3734795787
Norderstedt, Mai 2015
EUR 8,50

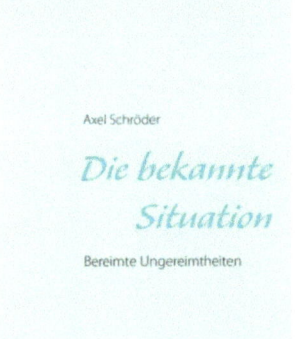

Die bekannte Situation
Bereimte Ungereimtheiten seltsam bekannter Merkwürdigkeiten

ISBN 978-3732294060
Norderstedt, Dez 2013
EUR 10,00

Liebe Mami, Lieber Papi
Ein krimineller Fall. Teil 1 der Schönstadttrilogie um Mädchenmorde; 2012 in den Top Ten der Amazon-Krimi-Charts

ISBN 978-3848206049
Norderstedt, Aug 2012
EUR 14,50

Schuldstau
Teil 2 der Trilogie um die Menschen aus Schönstadt, deren Schuldgefühle einen Serienmörder schützen

ISBN 978-3735737472
Norderstedt, NOV 2014
EUR 9,99